Ulrich Schaffer

Geheimnisvolle Zusammenhänge

Ulrich Schaffer

Geheimnisvolle Zusammenhänge

Edition Schaffer im Kreuz Verlag

Geheimnis und Energie

Von der Kunst, nicht alles zu wissen und zu verstehen

Auch 250 Jahre nach der Aufklärung des 18. Jahrhunderts ist unsere Zeit noch stark von ihr geprägt. Wir sind fast alle mit der Ansicht großgeworden, daß alles Wichtige verstehbar, erfaßbar und meßbar ist. Alles, was nicht quantifizierbar ist, existiert nicht oder ist nicht so wirklich wie das Quantifizierbare. Die naturwissenschaftliche Wirklichkeit wird als die wichtigste angesehen. Logik ist wichtiger als Intuition, Wissen (im beweisbaren Sinn) ist wichtiger als Weisheit. In einer solchen Welt sind Geheimnisse fast störend. In unserem vordergründigen Verständnis von Dingen, Menschen und Abläufen haben wir der Welt ihren transzendenten Bezug genommen. Wir sehen nicht die inneren Zusammenhänge, die Mysterien, die sich nicht mehr naturwissenschaftlich erklären lassen. Zwar untersuchen wir die Welt mit großer Sorgfalt, aber wir betrachten sie meistens nur stückweise und übersehen dabei, daß alles zu allem gehört und daß alles mit allem verwandt ist und nur von dieser inneren Zusammengehörigkeit her erfaßt werden kann – aber dann nicht mehr in den üblichen Kategorien.

Es gibt in unserer Zeit aber auch wieder die Sehnsucht nach Geheimnis, oder genauer gesagt: die Sehnsucht, dem Geheimnis wieder den Raum zuzugestehen, den es eigentlich immer gehabt hat, den wir nur verleugnet haben. Wir sind umgeben von Geheimnissen, von dem Unfaßbaren und Unerklärlichen. Selbst auch bei den Entdeckungen und Fortschritten im wissenschaftlichen Bereich, die uns gelungen sind und die uns Formulierungen für manches gegeben haben, haben wir die Geheimnisse des Lebens nicht aufgehoben. Was ist Heisenbergs Unschärferelation anderes als der physikalische Ausdruck des Geheimnisses – wir können letztlich nichts mit ganzer Sicherheit sagen, selbst im Bereich der Physik, wo wir meinten, sicher behaupten zu können. Oder: Wir werden uns bestimmt noch lange den Kopf zerbrechen über das Verhältnis zwischen genetischem Erbe und der Erziehung eines Menschen – letztlich bleibt es ein Geheimnis, wie wir zu den Menschen werden, die wir sind. Oder: Der andere Mensch ist ein Geheimnis – nie werde ich die Welt mit den Augen des anderen sehen können. Die Sicht des anderen und der daraus entstehende Lebensstil bleiben mir darum ein Geheimnis, so sehr ich auch versuche, den anderen zu verstehen.

Aber was heißt es, dem Geheimnis Raum zu geben? Für mich heißt es, das Geheimnis immer mitzudenken, nie zu glauben, daß ich alles klar durchschaut und verstanden habe. Ich möchte mir immer wieder bewußt sein, daß das, was ich sehe, was ich erlebe, was ich verstehe, nur ein Ausschnitt ist von dem ungeheuren Reichtum, der mich umgibt. Für das Wort „Geheimnis“ könnte ich auch das Wort „Unendlichkeit“ setzen. Ich möchte die Unendlichkeit immer mitdenken.

Ein Beispiel: Ich beobachte die Handlungsweise eines anderen Menschen und verstehe sie nicht. Dann suche ich nach Erklärungen und beginne etwas zu verstehen. Ich suche weiter und bastele mir ein immer besseres Verständnis zusammen. Bald bin ich an dem Punkt, wo ich meine zu verstehen: Genau dort schließe ich das Geheimnis aus, ich mache es einfach, ohne zu merken, daß ich wahrscheinlich zu sehr vereinfache und dabei verzerre und entstelle. Man könnte es einen Verschlußakt des Wissens nennen. Wenn wir meinen zu wissen, hören wir auf, in Bewegung zu sein.

Bei allem Wunsch nach Verständnis, möchte ich mich doch immer daran erinnern, daß ein Mensch mit seiner Geschichte, mit seinen Einflüssen, mit seiner Wahl, mit seinen Entwicklungsmöglichkeiten, mit seiner Zukunft immer an die Unendlichkeit angeschlossen ist, an das Unverstehbare, an das so Differenzierte, daß ich einen anderen Menschen nie ganz verstehen werde. Das ist sein Geheimnis. Das ist sein Menschsein, das sich mir in seiner letzten Tiefe immer entzieht. Wir stehen manchmal mit unserem Wissen, besonders mit einem schnellen, vordergründigen Wissen, unserem Menschsein im Wege. Wir engen das, über das wir etwas zu wissen meinen, und uns selbst durch unser Wissen ein.

Unsere Vorfahren vor vielen Generationen haben die unsichtbare Welt ernst genommen. In den letzten Jahrhunderten ist diese Wertschätzung etwas verlorengegangen, aber sie beginnt wieder zu wachsen. Menschen haben Sehnsucht nach dem, was über sie hinausgeht. Wir werden dabei nicht wieder zurückgehen in ein Verständnis unserer Mitwelt, wie wir es einmal hatten, aber es zeichnet sich in vielen Bereichen ein großes Interesse ab, die Zusammenhänge zu verstehen, oder zumindest zu realisieren, daß es Zusammenhänge gibt zwischen dem, was wir in letzter Zeit gewaltsam getrennt haben. Wir begreifen jetzt, daß es eine Verbindung zwischen der Seele und dem Körper gibt. Die psychosomatische Medizin ist ein Ausdruck davon. Wir lernen, daß da, wo die Seele leidet, der Körper in Mitleidenschaft gezogen wird. Wir beginnen zu verstehen, wie Kriminalität und Selbstwert zusammenhängen. Wir beschäftigen uns mit der symbiotischen Abhängigkeit von Mensch und Natur. Die Wälder und Seen sind unsere Brüder, nicht nur als poetisches Bild, sondern wir sind von ihnen abhängig, wenn wir überleben wollen. Wir sind ein Teil einer Kette, die an vielen Stellen so fragil ist, daß wir mit unserem Unverständnis sie entweder schon zerbrochen haben oder im Begriff sind, es zu tun.

Wir lernen, daß Innen und Außen eins sind. Wir können nur das aus uns herausbringen, was wir in uns tragen. Für „primitive" Völker sind das alte Weisheiten, die wir auch einmal gewußt, die wir aber vernachlässigt haben. Ich glaube, daß es jetzt unsere Aufgabe ist, diese Weisheiten und Zusammenhänge wieder zu entdecken – aber auf einer anderen Ebene als unsere Vorfahren –, sie in unser modernes Leben zu integrieren und ihnen einen Ausdruck zu geben, der in das hineinpaßt, was wir sonst noch entwickelt haben. Es geht also nicht darum, zurückzugehen, sondern uns in einem kühnen Sprung nach vorne zu bewegen in ein ganzheitliches Verständnis des Lebens, bei dem auch das Geheimnis wieder seinen rechtmäßigen Platz bekommt.

Manches, das für uns jetzt noch geheimnisvoll und unverständlich ist, mag verständlich werden, aber nicht beim „Auseinanderpflücken", sondern bei einem neuen „Zuordnen". Etwas zu verstehen heißt noch lange nicht, es zu verstehen – es ist nicht nur Sache des Verstandes. Etwas zu begreifen heißt nicht, es mit dem Kopf zu erfassen – dazu gehört auch das Greifen, Berühren, und Berührtwerden im Wesen. Wir werden hier auch eine neue Sprache entwickeln müssen, weil unsere rationale, naturwissenschaftlich ausgerichtete, rubrizierende Sprache nicht mehr ausreichen wird. Vielleicht wird es uns gelingen, uns von Geheimnissen leiten zu lassen und nicht nur von dem, was wir wissen.

Geheimnis hat für mich auch mit Energie zu tun. Ich möchte ein paar Gründe anführen, wie die Anerkennung des Geheimnisses uns Kraft gibt:

Durch das Geheimnis sind wir an etwas Größeres angeschlossen. Das muß nicht unbedingt religiös verstanden werden. Es geht mir nicht nur um die Beziehung zwischen Mensch und Gott, sondern zunächst um das Eingebundensein in die gesamten Vorgänge auf diesem Planeten. Wir stehen in einem ungeheuer dichten Netzwerk von Verbindungen. Was ich tue, betrifft jemand anders, und was du unterläßt, hat Konsequenzen für den ganzen Planeten. Wir sind dabei zu lernen, durch welche Kleinigkeiten manchmal schon das ganze Gleichgewicht gestört werden kann. Wir sind alle zusammen auf dem Raumschiff Erde. Ich bin nicht allein. Niemand ist eine Insel. Das ist keine neue Botschaft, aber in einer Zeit, in der der Einzelne sich als unwichtige Nummer, als vereinsamt und losgelöst von anderen versteht, ist es eine Botschaft, die wieder ganz wichtig ist. Wahrscheinlich haben wir schon alle erlebt, wie beflügelnd und energiespendend es sein kann, wenn sich ein Mensch tief innerlich mit anderen verbunden weiß. Es geht mir dabei nicht um irgendwelche Tendenz zur Vermassung oder zum Auslöschen des Einzelnen, sondern um das Gegenteil. Da, wo ich eingebunden bin, wo ich dazugehöre und Ermunterung und Herausforderung durch meine Zugehörigkeit erlebe, da habe ich eine bessere Chance, zu mir selbst zu finden und meinen ganz einmaligen Beitrag zu leisten. Das ist ein Resultat des ernst genommenen Geheimnisses. Nicht nur das, was uns vor Augen steht, ist ernst zu nehmen, sondern auch das Unsichtbare.

In diesem Bildband habe ich auch versucht, mich selbst und den Menschen allgemein in seiner Relation zur Umwelt zu sehen. Die Fotografien in diesem Buch sind Ausdruck meiner Liebe zur Natur, zu Steinen, Wolken, Wasser, zur Zeit, wie sie sich in der Erosion des Sandsteins gestaltet.

Dem Geheimnis einen Platz im eigenen Leben einzuräumen heißt für mich auch, zentrierter und konzentrierter zu leben. Das Geheimnis hat die Fähigkeit, den Menschen vor der Zersplitterung zu bewahren. Im Geheimnis gewinnt das Leben an Dichte. Ich trage in mir etwas Unfaßbares. Ich lebe mein Leben von innen, nicht von außen. *Ich* lebe es und werde nicht gelebt, wenn ich bei dem Geheimnis, das ich selbst bin, beginne. So, wie das Geheimnis mich zu anderen Dingen und Menschen führt, in dem Gedanken der Zusammengehörigkeit, genau da führt es mich auch zu mir selbst. Und am Ende stelle ich fest, daß beide Bewegungen eigentlich eine sind. Ich gelange ins Herz des Lebens, nicht in die Zersplitterung.

Durch das Ernstnehmen des Geheimnisses in unserem Leben wird auch das Prozeßhafte betont, das Werdende, und auch daraus können wir Energie ziehen. Nichts ist endgültig, alles entsteht erst. Wir erleben Energieverlust durch die Endgültigkeit, mit der wir viel im Leben erleben. Wir werden apathisch, weil doch nichts zu machen ist. Wir haben uns damit abgefunden, daß es nicht anders geht. Da, wo das Geheimnis, das in jedem Leben steckt, betont wird, wird der Entwicklung wieder eine Möglichkeit eingeräumt. Und Entwicklung ist eng verwandt mit der Hoffnung, die wir so nötig brauchen, um wirklich erfüllt und auf ein Ziel hin zu leben.

Ich merke, wie wichtig es in dem Zusammenhang auch ist, daß ich mich selbst als Geheimnis ansehe und mich auch da wehre, wo mich jemand mit seinem „Verständnis" für mich vereinnahmt. Ich verstehe mich manchmal selbst nicht, weil ich in einem Werdungsprozeß stehe. Ich *bin* nicht, sondern ich *werde*. Die meisten Menschen, die mich verstehen, verstehen höchstens den, der ich war. Aber ich bin inzwischen weitergegangen und habe mich dabei verändert. Dieses Verändern ist etwas Geheimnisvolles, dem ich viel Platz einräumen möchte. Ich spüre, daß viele Faktoren bei dieser Wandlung mitspielen, und manche ahne ich nicht einmal. Da bin ich auch für mich selbst ein Geheimnis, das ich langsam und vorsichtig lüfte, meistens um festzustellen, daß hinter allem, was ich verstehe, wieder neue Geheimnisse auf mich warten. Mich selbst als Werdender zu verstehen, das gibt mir Energie, mich auch wirklich zu verändern.

Aber auch die Welt um mich ist in einem Prozeß begriffen. Die letzten Jahre des Planeten haben das auf eine ganz dramatische Weise gezeigt. Wo wir meinten zu wissen, wie es weitergehen würde, entstand fast über Nacht etwas ganz Neues. Das Geheimnis der Entwicklung geschieht auch da, wo wir nicht mehr damit rechnen. Das macht die Welt offen, manchmal anstrengender, aber offen. Und diese Offenheit schafft Energie. Vielleicht geht es letztlich gar nicht um die Entdeckungen, um das Lüften der Geheimnisse, sondern um das Sich-selbst-Öffnen für das größere Leben. Das größere Glück, das wir erleben, ist das Entdecken der eigenen unendlichen Seele, wie wir sie auch in unserer Sehnsucht spüren.

Geheimnis hat auch mit Überraschung zu tun. Die meisten Menschen freuen sich über Überraschungen, weil durch sie etwas nicht Geplantes geschieht. Der alte Trott wird unterbrochen. Das Anziehende an der Überraschung ist die Begegnung mit der Unvorhersagbarkeit. Jede einzelne Überraschung steht für sich selbst, ist aber auch gleichzeitig Ausdruck davon, daß noch alles im Fluß ist, daß noch nichts abgeschlossen ist. Jedes Geheimnis und jede damit verbundene Überraschung ist Ausdruck des sprudelnden, sich erneuernden Lebens.

Es geht mir in diesem Aufsatz nicht in erster Linie um ein philosophisches Verständnis der Welt, sondern um ein Öffnen der Augen und um das Einsetzen unseres Denk- und Fühlvermögens. Wir sind umgeben von Geheimnissen, die die meisten von uns nicht wahrnehmen. Ob wir das Geheimnis in seinen vielen Ausdrucksformen erleben, hängt von jedem Einzelnen ab. Das Geheimnis sehen und spüren nur die, die sich dafür öffnen und es aufnehmen. Wir können Augen dafür entwickeln, oder wir können alles nur vordergründig betrachten und verstehen. Auf Geheimnisse stoßen die, die immer weiter fragen, die sich nicht zufrieden geben mit einfachen Erklärungen, die beseelt sind von der Sehnsucht, die Zusammenhänge im Leben zu verstehen.

Vielleicht ließe sich sogar am Ende eine Querverbindung zwischen Geheimnis und Gott herstellen. Sowenig wir Gott begreifen, auch wenn wir viel über Gott sagen und schreiben, sowenig werden wir das Geheimnis des Lebens in den Griff kriegen. Vielleicht ist der Angelpunkt, um den sich alles dreht, Gott. Und vielleicht ist dieser Angelpunkt identisch mit dem Geheimnis, um das es in diesem Buch geht.

ulrich schaffer

Ulrich Schaffer

Wie dieses Buch entstand

Innerlich begonnen habe ich mit diesem Buch vor Jahren, weil mich das Geheimnis schon lange angezogen hat. Das ganze Leben ist ein Mysterium, an dem wir ein Leben lang herumrätseln können. Aber konkreter habe ich erst 1991 an diesem Buch zu arbeiten begonnen. Auslöser war das Erleben einer Landschaft. Das kam so:

Als ich im April 1991 allein in die Wüste im Südwesten der USA fuhr, kaufte ich mir am 18. April einen Bildband von Linde Waidhofer, einer amerikanischen Fotografin, und fand in diesem Bildband eine Landschaft fotografiert, die mich sofort gefangennahm. Ganz bewußt hatte sie nicht genau beschrieben, wo diese Landschaft lag, sondern nur das Colorado Plateau angegeben. Dies ist die geologische Bezeichnung für eine Region, die etwa so groß ist wie Deutschland und aus Teilen der vier US-Bundesstaaten New Mexico, Colorado, Utah und Arizona besteht. Zu gern hätte ich gewußt, wo genau diese wunderbaren roten Steinformationen zu finden waren.

In den nächsten Tagen machte ich die Bekanntschaft mit Louise Harris auf einer Wanderung im Zion Park. Sie ist eine Amerikanerin, 55jährig, aus Sedro Wooley, aus dem Bundesstaat Washington, etwa nur eineinhalb Autostunden von mir entfernt, also fast eine Nachbarin. Wir entdeckten bald, daß uns eine große Liebe zur Wüste und zu den Canyons verband, und so unternahmen wir einiges zusammen. Dann trennten wir uns, sie zog mit ihrem VW-Camper los und ich in meinem, aber wir trafen uns dann durch „Zufall" wieder, und Louise hatte bei einem Ranger in der Gegend etwas erlebt: Sie hatte gehört, daß zwei Fotografen sich nach einem gewissen Tal erkundigt und auch Auskunft bekommen hatten. Als sie dann nach dem Tal fragte, ohne den Namen zu wissen, hatte man alles sehr geheimgehalten und ihr nichts gesagt. Erst als sie sich bei den Fotografen den Namen des Tales holte und dann noch einmal nachfragte, bekam sie Auskunft. Als wir uns dann trafen, war uns beiden klar, daß dieses Tal etwas Besonderes sein müßte, sonst würde man es nicht so geheim halten. Und uns kam auch der Gedanke, daß es vielleicht das Tal auf den Bildern von Linde Waidhofer sein könnte. Am nächsten Tag brachen wir auf und stellten fest, daß es so war. Die Begegnung mit diesen Steinformationen war ein tiefes Erlebnis für uns beide. In diesem Tal darf man nicht übernachten, und so wanderten wir die eineinhalb Stunden zurück zu unseren Campern, waren aber am nächsten Tag wieder in dem Tal. Inzwischen bin ich im Herbst 1991 und im Frühjahr 1992 wieder dort gewesen.

Auch ich werde den Wünschen des Rangers entsprechen und nicht sagen, wo dies Tal liegt, um es auch ein wenig zu schützen. Man ist so besonders vorsichtig und erlaubt nur jeweils einigen Menschen, das Tal zu besuchen, weil die Sandsteinformationen zum Teil so zerbrechlich sind, daß man schon beim Durchwandern viel kaputtmacht. Das ist kaum zu vermeiden. Wenn hier also Touristenströme durchziehen würden, wäre es bald zum großen Teil zerstört.

Erst hatte ich vor, dieses Buch nur mit Fotos aus diesem kleinen Tal zu illustrieren. Aber vielleicht wäre das für manche zu eintönig gewesen. So stammt nur ein Drittel aus dem Tal und die anderen zwei Drittel aus den Wüstengebieten des Colorado Plateaus. Das Licht in den Canyons von Utah und Arizona fasziniert mich immer wieder, auch weil es etwas Geheimnisvolles an sich hat.

Schon als Kinder haben sicherlich die meisten von uns Geheimnisse geliebt. Geheimnisse machten das Leben spannend – beides: ein Geheimnis zu haben und einem Geheimnis nachzuspüren. Erwachsen werden heißt in unserer Kultur für viele, Geheimnisse abzuschaffen, geheimnislos zu leben. Und damit verliert das Leben eine Energiequelle. Das Leben wird vordergründig. So wie die Schatten in einem gemalten Bild Perspektive, Tiefe und Mysterium andeuten, so geben uns auch die Geheimnisse die Schatten, unsere Tiefe und unser Mysterium. Verstehen und begreifen können wir nur ganz gewisse Seiten des Lebens. Viele der grundlegenden Elemente unseres Lebens lassen sich letztlich nicht ganz verstehen. Ihnen hängt immer ein Geheimnis an. Für mich ist es ein Zeichen der Reife eines Menschen, diese Geheimnisse anzuerkennen und sie zu würdigen. An der Stelle gelangen wir zurück zu dem Mysterium, aus dem Leben entsteht und das Leben ausmacht.

Über das Geheimnis zu schreiben ist gleichzeitig Anmaßung und Herausforderung. Anmaßung, weil schon viele vor mir auf die unterschiedlichste Weise versucht haben, diesem Geheimnis Gestalt zu geben, und gescheitert sind. Das Geheimnis, das sich in Worten ausdrücken läßt, ist wahrscheinlich kein profundes Geheimnis.

Und doch reizt mich die Herausforderung dieses Unternehmens. Ich möchte Worte finden für innere Wahrnehmungen, für Prozesse, die ich ahne, für spürbare Wirklichkeiten, die sich aber unseren üblichen Wahrnehmungs- und Beschreibungsmethoden entziehen. Ich möchte die Worte finden, die wenigstens etwas ahnbar machen. Daß das oft nicht gelingt, erlebe ich schon seit Jahren in meinem Schreiben. Und weil es doch manchmal eine Möglichkeit gibt, höre ich nicht auf, es zu versuchen. Gerade im Gedicht ist es möglich, Bilder von unterschiedlicher Art nebeneinanderzustellen und damit etwas ahnen zu lassen, was über jedes einzelne Bild hinausreicht.

Dieses Buch ist der Versuch, dem nur Ahnbaren für ein paar Sekunden eine flüchtige Gestalt zu geben. Aus dem Winkel unseres inneren Auges sehen wir ein paar Sekunden lang, daß wir eingebettet sind in eine viel größere Wirklichkeit. Ich habe es mit Worten und mit Fotografien versucht.

Nichts ist so allgegenwärtig wie das Geheimnis.
Das Geheimnis
des sich ausbreitenden Lebens,
das Geheimnis der eigenen Entwicklung,
die geheimen Zusammenhänge,
in denen Menschen, Dinge, Gedanken und Systeme
aufeinander bezogen sind.
Niemand ist eine Insel.
Im Geheimnis steckt die Energie,
die uns lebendig hält.
Durch das Geheimnis sind wir an das angeschlossen,
was über uns hinausgeht.
Im Geheimnis steckt Lebensenergie.
Im Geheimnis erleben wir die Weite, nach der wir Sehnsucht haben.

Annäherung

In meinen Gedanken
befinden sich die Samen der Gedanken,
die Früchte am Baum der Wahrheit waren.
In den Bildern suche ich nach dem Gültigen,
nach dem Faden, der alles zusammenzieht.
Was ich denke,
ist nur eine Annäherung
an das Unbeschreibliche.
Wenn ich schreibe,
kratze ich die Oberfläche auf,
unter der Leben gespannt ist,
das mich meint.
Das Geheimnis sucht mich,
und ich finde mich im Unverständlichen.

In den Vertiefungen meines Lebens
sammelt sich das Nötige,
von dem ich überlebe.

In jedem Moment...

Auch wenn du nur die Papiere
auf deinem Schreibtisch ordnest
oder die Einkaufsliste zusammenstellst,
wenn du die Nummer wählst
und die Stille hörst, ehe der andere antwortet,
wenn du vom ersten in den zweiten Gang schaltest,
und dann in den dritten und vierten,
wenn du das Buch liest
und den Ausgang der Geschichte errätst,
wenn du die Hände faltest
und die Finger beim ersten Mal
nicht richtig ineinanderpassen,
wenn du eine Tomate zerschneidest
und ihre innere Buntheit siehst,

dann darfst du nicht vergessen,
daß sich in jedem Moment
ein Stück der neuen Welt auftun kann
ohne Fanfaren und Ansprachen,
aber so gültig und wirklich
wie deine uralte Ahnung,
die nicht untergegangen ist.

Mit einem Blick

Es wird nicht nur ein Gedanke sein,
nicht das Wort eines Freundes,
nicht ein Geistlicher von der Kanzel
wird es dir einreden,
nicht die Sätze eines Schriftstellers
werden es auslösen,
sondern es wird von innen kommen,
und du wirst dich dagegen wehren
und es doch begrüßen,
das Wissen, daß du sterblich bist…

Und das Zimmer, in dem du dich bewegst,
die Straße, die unter dir wegrollt,
die Menschen, die du erkannt hast,
die Wahrheiten, die dich aufrichten,
sie werden sich alle verwandeln
und eine andere Wirklichkeit annehmen.
Du wirst freier sein,
und auf dem dunklen Hintergrund
wird das Leben noch durchdringender leuchten,
weil du den Anfang und das Ende
mit *einem* Blick sehen kannst.
Zum ersten Mal.

Und still zerreißen wird dich immer wieder,
daß du loslassen mußt, was du liebst,
weil du nur wirklich lieben kannst,
was du freigibst.

Wir suchen das Licht

Wir tauchen alle auf
aus dem Meer unserer Schmerzen und Träume.
Wir suchen das Licht,
um uns in ihm zu schälen und zu häuten.
Was wir nicht erreicht haben,
geht uns nach wie ein Echo.
Die Wunden, die nicht heilen,
geben uns den Durchblick.
Manche Wege sind endlos lang.
An den Geheimnissen unseres Lebens
reiben wir uns wund.

Wir tauchen aus unseren Erfahrungen auf,
wesentlicher, enttäuschter, reiner.
So werden wir die, die wir hofften zu sein.
Und so gehen wir auch an uns selbst vorbei,
ohne uns zu erkennen.

Wir verstehen uns selbst nie ganz,
und das, wie nichts anderes,
hält uns lebendig.

Eins mit der Welt

Plötzlich trennt dich nichts mehr
von dem, was dich umgibt.
Du atmest durch es hindurch,
durch den Baum, das Haus, einen Menschen,
durch abweisende Hände,
durch das Erschrecken,
durch die ganze feste Welt.
So belebst du alles.

Du gibst dich
und empfängst dich zurück.
In deiner Bewegung entfalten sich
die Dinge und Menschen,
und die Verkrampfungen lösen sich,
als würde eine Wahrheit sie durchdringen,
die du bisher noch nicht kanntest
und aufgehoben hast für diesen Moment.

Alles ist Schrift

Alles ist Schrift.
Die Striche der Wolken sagen etwas aus.
Im Schnee ist die sanfte Spur der Maus
lesbar wie eine Ansichtskarte.
Wind, Regen und Frost haben eine Geheimbotschaft
in den Felsen gekratzt.
Ich buchstabiere Alphabete des Wunders
und atme Silben der Zuwendung.
Für den Sehenden häufen sich die Zeichen.

Manchmal kann ich
meinen Namen lesen
in der Anordnung der Farnkräuter,
in dem Skelett eines gestorbenen Baumes,
in den Krebsspuren im Sand,
in den verwegenen Gedanken eines Menschen,
und die Verbindung ist hergestellt.
Und während ich lese,
werde ich selbst
zu einem Buchstaben des Alphabets,
lesbar für andere.

Aufsteigendes Land

Von ganz tief innen steigt
das unbewohnte Land deiner Seele auf
und will bewohnt werden.
Im Regen wächst es,
in der Sonne hüllt es dich in Wärme ein.
Es wiegt dich nicht
und vergleicht dich mit nichts,
es trägt dich nur,
wie schwer du auch bist.
Sei unendlich still,
damit du sie nicht verpaßt,
deine Heimat in dir.

Von neuem beginnt,
was du schon verloren glaubtest.
Der Kreis schließt sich auch diesmal.

Einweihung

Gewisse Erlebnisse
sind wie Einweihungen.
Durch sie wird etwas in mir geweitet,
mein Brachland wird bepflanzt.
Ich trete auf Neuland
und werde aufgenommen
in den Kreis der Ahnenden und Wissenden.
Ich verstehe Zusammenhänge
und sehe die verborgenen Adern,
durch die Leben zu Leben findet.

Ich mache mich ganz zu Fingerspitzen,
die die feinsten Regungen fühlen.
Ich schärfe meine Sicht,
damit mir die Kleinigkeiten nicht entgehen.
Ich achte auf das Raunen in mir,
auf die Einladungen, verwegener zu wagen.
Ich erlebe mich und die Welt
in der Weite meines neuen Bewußtseins.

So lebe ich das Geheimnis der Einweihung
und des Geweihtseins.

Ob wir Grenzen aufheben

Ob wir uns in die Schmerzen hineinbegeben,
deren Ausmaß wir nur ahnen,
ob wir aufwachen wollen,
trotz des einschläfernden Glücks,
ob wir uns wiederfinden,
wo wir nie glaubten zu sein,
ob wir dem Unbegreifbaren Raum geben,
weil es wichtiger ist als unser Verstehen,
ob uns Flügel wachsen, wenn wir kriechen,
ob wir uns trauen, das Erschrecken zu lieben,
weil es uns öffnet,
ob wir die Welt auch in ihrem Durcheinander ehren,
weil wir selbst ein Stück der Konfusion
und der Erlösung sind,
ob wir Grenzen aufheben, die künstlich sind,
ob wir uns nicht schützen
vor der Begegnung mit dem Punkt,
an dem alles zusammenläuft,

das alles
beantworten wir täglich
mit unseren Augen und Händen,
mit den Wegen, die wir wählen,
mit unseren Bewegungen
durch das Grau und die Farben.

Unbeschreiblich

Ich sammle doch nur
die Fetzen meiner Seele ein
und flicke sie zusammen,
um mich sichtbar zu machen.
Glaub mir,
ich tue nichts anderes,
wenn ich sammle und sammle:
einen schluchzenden Baum, der den Himmel kämmt,
einen Wasserfall, mit dem ich mich versprühe,
geschliffene Steine,
die ich aus kleinen Wellen rette
und denen ich zwischen Büchern eine Heimat gebe,
ein Handgriff, in dem ich mich wiederfinde
und über mich staune,
eine Pflanze, die Gott sucht,
ein Wort, immer wieder Worte,
die ich bewohne wie ein Dachs seinen Bau,
einen Moment Licht in den Augen eines Menschen,
der mich an alle Menschen erinnert,
einen leuchtenden Felsen,
sie alle sind Stücke meiner Seele,
die auf mich gewartet hat,
so wie ich sie gesucht habe.

Am Ende umrande ich
das Mosaik des Gesammelten doppelt:
einmal mit burgundener Stille,
um es ruhen zu lassen
von der Zerstreuung,
und dann mit zartblauer Dankbarkeit,
um meine Erinnerung zu stützen,
daß ich unbeschreiblich bunt bin.

Es war so, wie es nur sein konnte

Geheimnisvoll ordnet die Zeit
den stillen Zerfall
und die sanfte Erneuerung.
Alles ist in sie gebettet,
die Sekunden, Minuten, Stunden,
die Tage und Jahre.
Sie alle sind umrahmt von der Ewigkeit,
die alles aushält.

Nichts konntest du früher tun,
nichts später.
Auch jetzt,
wenn du dieses Buch weglegst
und dein Leben überfliegst,
weiß etwas in dir,
daß es so sein mußte,
wie es war.
Dazu gehört auch die Leidenschaft,
mit der du dich gewehrt hast
dagegen, wie es war.

Was uns gehört

Durch unser entschlossenes Atmen,
durch den Mut,
mit dem inneren Glühen noch zu warten,
durch Ziele jenseits der Asche,
durch Vergebung, die sich öffnende Blume,
durch unauslöschbares Hoffen,
durch die Sehnsucht nach Wahrheit
in Haut auf Haut getauscht,

durch diese wird die Welt tiefer
und der Himmel in uns weiter.
Von einer unsichtbaren Stelle in uns
zeichnen wir mit unserem Arm
einen Halbkreis,
und alles in ihm
gehört uns.

Voller Sehnsucht

Immer wieder die Vorstellungen,
an denen wir uns aufrichten,
an denen wir zerschellen
mit unserer Sehnsucht,
dieses Sehnen, das nichts anderes ist
als die Augen unserer Seele,
oder das innere Gewand,
das uns nur notdürftig deckt.

Mit allen Fibern strecken wir uns aus,
mit unserem Wesen erwarten wir
den geahnten Durchbruch.
Wir haben gehört,
daß es ein noch dichteres Leben geben soll,
eine größere Klarheit,
eine greifbarere Wahrheit.

So tauchen wir ein in das Geheimnis,
so tauchen wir unter,
so tauchen wir wieder auf,
immer noch voller Sehnsucht,
unheilbar.

Der Ruf an uns

In uns
will die Erde
sich ins Leben rufen,
wie sie es seit Jahrtausenden getan hat.
Sie wünscht sich uns
als Schwestern und Brüder.
Der einzelne Baum mit seiner Krone
spricht durch das Gewirr unserer Gedanken
zu uns, stark und weise.
Die Steine lehren uns Schwere,
die wir nicht wahrhaben wollen,
auch wenn wir sie in uns kennen
seit dem ersten Moment unseres Lebens.
Das Himmelsblau erinnert uns
an die Freiheit inmitten der Zwänge.
Die ganze Erde lädt uns ein zu dem Fest,
bei dem wir Gastgeber und Gäste sind.

Es gibt nichts außerhalb von uns,
was wir nicht auch in uns tragen,
weil wir Fleisch von dem Fleisch der Welt sind,
Gras vom Gras der Steppen,
Wasser vom Wasser der Ströme und Meere
und Geist von dem Geist über den Wassern.

Ich gehöre dazu

Es fällt in mich hinein,
fällt durch mich hindurch
und in das gewaltige All
jenseits von mir,
fällt, fällt
und zieht mich mit sich
in den Fall
auf den Ursprung zu,
auf dieses fremde,
ungenaue Wissen,

das nichts anderes ist
als das Gespür,
daß ich dazugehöre
von Anfang an
zur Musik des Seins,
zu den Farben und Formen,
zum vollkommenen Muster,
das sich ausdrückt
in der Bewegung,
mit der ich den Raum fülle:
Einheimisch bin ich
auf diesem dritten Planeten
eines durchschnittlichen Sonnensystems.

Tür um Tür

Geheimnisvolle Tür vor mir,
welche Welten öffnest du mir?
Wer werde ich sein,
wenn ich durch dich hindurchgegangen bin?

Jede Tür öffnet Türen
und verschließt andere.
Jede Wahl begrenzt und erweitert.
Aus unseren Entscheidungen
bildet sich das Leben.
So entsteht nur dieses eine Leben,
das du lebst, das ich lebe.
Unverwechselbar, unwiederholbar.
Du bist nicht die andere,
die du auch hättest sein können.
Ich bin nicht der,
der ich träumte zu sein.

Aber warum wir so gewählt haben,
warum wir manche Türen eingerannt
und den Schlüssel anderer weggeworfen haben,
bleibt ein Geheimnis.

Geheimnis der Entfaltung

Ich richte mich auf,
es ist die rechte Zeit.
Ich ziehe mich zurück,
ich weiß, daß ich es tun muß.
Ich verströme mich,
nur so geht es weiter.
Ich höre und werde erhört.
Ich verweigere mich
und habe kein schlechtes Gewissen.
Ich halte still,
und das Unerwartete kommt zu mir.
Ich schließe die Augen
und werde sehend.

Sperren oder offene Türen,
Schranken oder Einladungen,
Wege oder gesperrte Straßen,
in mir weiß etwas um das Geheimnis,
mit dem sich mein Leben entfaltet
und seine Bahn findet;
auch in aller Unsicherheit
und mit dem immer gegenwärtigen Zweifel.

Wie aus der Eichel die Eiche wird
und die glatte, braune Kastanie
irgendwann ihre Frühjahrskerzen anzündet,
so wird aus mir das, was nur ich bin.
Im Geheimnis der Entfaltung
und gespeist aus der inneren Weisheit,
weiß ich, was für mich gilt.

Auf der anderen Seite der Erde

Könnte es nicht sein,
daß wenn ein Mensch
auf der anderen Seite der Erde hofft,
konsequent und von ganzem Herzen hofft,
daß genau zu der Zeit
dir in deiner Welt mit deinen Problemen,
mit den Unmöglichkeiten und der Ausweglosigkeit,
daß dir gerade dann geholfen wird,
als ginge ein Licht an
und eine schwere Wolke löste sich auf?

Und könnte es nicht sein,
daß jetzt irgendwo anders auf der Welt
jemand auf deine Hoffnung wartet,
ohne es zu wissen,
damit auch da das Wunder entstehen kann,
das Wunder des sich ausbreitenden Lebens?

Das ist das Geheimnis,
das so deutlich, doch unfaßbar
um unseren Planeten läuft.

Innere Verwandtschaft

Vielleicht ist das Singen des Flusses
nichts anderes als mein Denken
und mein Denken nichts anderes
als die Photosynthese der Pflanzen.
Und könnte der Sprung
der großen Katze in der Kalahari
dem Kampfwort zwischen uns entsprechen?
Vielleicht verliert der Herbstbaum seine Blätter,
so wie ich sprachlos werde.

Vielleicht ist dein Glaube,
mit deiner dir gemäßen Inbrunst,
nicht so anders als mein Atmen.
Gleicht nicht das Sterben des Waldes
dem stummen Vater,
der keine Frage an sein Kind richtet?
Nimmt unser Schmerz zu,
so wie ganze Gattungen täglich aussterben
auf diesem leidenden Planeten?

Wenn wir das eine begreifen,
nicht mit den Milliarden Zellen unseres Gehirns,
sondern mit unserem Blut,
nicht mit spröden Beschreibungen,
sondern mit unserem Wesen,
mit unseren Fingerspitzen,
mit der ersten Wahrnehmung am Morgen
und dem letzten Hauch am Abend,
wenn wir das eine wirklich begreifen,
vielleicht verstehen wir dann,
daß das andere nicht anders ist
und daß wir in dem enthalten sind,
was wir in uns tragen.

Das Abenteuer der Angst

In jedem Geheimnis steckt auch
die beunruhigende Angst.
Wir stehen vor dem, was wir nicht verstehen,
wir sind ihm ausgeliefert und wissen nicht,
wie wir mit dem Unbekannten umgehen sollen.

Die Erde unter uns ist erschüttert.
Das, was wir wissen, trägt nicht mehr,
alles verschiebt und verwirft sich.
Jedes Geheimnis ist ein Erdbeben
für unser Gleichgewicht.
Was wir gerade noch erkannten,
wandert jetzt fremd durch unseren Gesichtskreis.
Was wir immer zu verstehen meinten,
gibt uns jetzt Rätsel um Rätsel auf.

Unsere Beschreibungen der Welt
wirken lächerlich.
Wir erfassen mit unseren Worten
nicht die Wirklichkeit.
Das Leben ist größer,
als wir es begreifen können.

Am Ende bleibt uns nichts anderes,
als sprachlos vor dem Geheimnis zu stehen
und den Schleier, der auf allem liegt,
zu respektieren.
Vielleicht kann es uns sogar gelingen,
auch das Abenteuer unserer Angst
zu lieben.

Aus Leidenschaft

Erfaßt von einer Vision,
öffnen wir eine geheime Energiequelle
und lassen uns durchfluten
von Ziel und Ursprung.
Wir schaffen eine Verbindung
zwischen unserem Traum
und dem Fluß des Lebens.

Was nicht möglich war,
wird jetzt erreichbar.
Was noch unsichtbar war,
gewinnt jetzt Profil und Farbe.
Nicht was wir erreicht haben,
sondern was wir noch erreichen können
erzeugt die Leidenschaft,
in der wir über uns selbst hinauswachsen.

Wortlos

Still schleiche ich mich davon
und verlasse die Worte,
um nicht wieder
auf Buchstaben zu stranden.

Ich öffne die Tür
in den wortlosen Raum.
Dort sind die Einsichten
nach Farben geordnet,
die Wahrheit ist nur ein voller
einladender Ton,
und Erklärungen sind nicht nötig.

Mein Ziel ist das Feuer, das Wasser,
der Wind und die Erde,
wo ich nicht mehr aus Worten bestehe
und mich erinnere,
daß das Herz meiner Erlebnisse
eine eigene Sprache besitzt.

Geheimnis Gott

Gott hat schon immer
die Verkleidungen geliebt,
das Geheimnisvolle.
Nicht, um sich zu verstecken
und uns raten zu lassen,
aber vielleicht, so ahne ich,
damit wir auf unserer Suche
ihn in uns entdecken
als das Mysterium,
das wir schon lange in uns bewegen.

Wir können ihn nicht haben,
sie nicht fassen,
und darum gibt er sich uns
in Raten zu entdecken.
Er, der Geist, die Geistin,
entfaltet sich so, wie wir es ertragen.
Angelegt auf eine lange Zeit,
wächst er in uns
wie eine Frucht, die still reift.
Wir selbst bestimmen,
was wir uns zumuten können,
und er ist in jeder Zumutung,
und sie ist in jeder Herausforderung.

Vielleicht wird es am Ende
das größte Geheimnis gewesen sein,
daß Gott kein Geheimnis war
und uns immer so nah war
wie unser Herz.

Ein Leben

Du legst die Stücke zusammen
und merkst, rückblickend,
daß sie zueinander passen:
der Verlust, der Erfolg,
das Ende einer Beziehung,
der Tod eines Freundes,
die Verzweiflung, die Ablehnung,
die Erneuerung deiner Wahl,
dein Versuch, nicht mehr gewinnen zu wollen,
das Festhalten, als gäbe es nichts anderes,
das schmerzhafte Loslassen.
Die Unsicherheit über das eigene Leben,
die Unruhe, das Versagen mit Menschen,
die Geheimnisse vor dir selbst,
die Enttäuschungen, die dich gereinigt haben.
Sie alle gehören dazu.

Und vielleicht ist es trotz aller Fehler
keine Frage der Schuld.
Mit dem Erkennen
verschwimmt mehr und mehr,
was bedeutend und was unbedeutend war.
Es ist dein einziges Leben.

Der weise Weg des Verlustes

Vielleicht versagen wir nur,
um uns mit einer weisen List,
auf einen Weg zu locken,
den wir sonst nicht wählen würden.
Er führt uns an die Rückseite der Dinge,
an dunkle Orte, in offene Messer,
durch lauernde Schatten,
manchmal rückwärts über offene Felder,
wo wir ausgesetzt sind
und Angst haben vor dem großen Himmel.

Der Erfolg hätte uns das alles verschlossen.
Wir hätten uns nur wiederholt
und ausgeruht in dem Bekannten.
Wir hätten unser Absterben nicht bemerkt
und das Glück der Weite nicht gesucht.

Etwas in uns weiß, wo es langgeht,
auch wenn Verluste uns blind machen,
unsere Gedanken unentwegt stolpern
und wir keinen anderen Menschen
auf dem Weg treffen,

... bis wir an einen Ort kommen
mit Menschen wie wir
und uns selbst reden hören
von den Erleuchtungen in der Einsamkeit
und den Türen, die sich nur im Versagen öffnen,
von der Verwandlung durch Hoffnung.
Und wo wir uns und die anderen fragen,
woher das Wissen kommt,
das uns leitet.

Die alltägliche Weisheit

Über gewisse, zarte Töne
findet die Stille mich.
Eine einzelne Gitarre
breitet sich in mir aus
und schiebt langsam
auch den stillen Lärm beiseite.

Mit der weichen Stille
wird der Horizont weiter,
und ich kann mich dem zuwenden,
was mir unmittelbar vor Augen ist:
einer Tasse mit dem Stempel der Töpferin,
einem Brief aus Anklam, Mecklenburg,
das ich erst auf der Landkarte suchen muß,
dem Kater zwischen den Papieren
auf meinem Schreibtisch,
einer flüchtigen Einsicht,
der ich vielleicht
ein zukünftiges Glück verdanken werde,

mir selbst, schwebend
zwischen meiner vorläufigen Überzeugung
und der Unendlichkeit eines jeden Gedankens.

Geheimnis, das ich bin

Ich nehme meinen Körper wahr.
Manchmal pflege ich
und manchmal vernachlässige ich ihn.
Es kann sein, daß ich mich ganz mit ihm identifiziere
oder ihn mir anders wünsche.
Ich bin meine forschenden Hände,
meine hartnäckigen Schultern,
meine geschmeidigen Arme.

Dann wieder bin ich meine Seele,
meine Empfindsamkeit, mein Wahrnehmungsvermögen
und die Fähigkeit, meine Erlebnisse
differenziert zu verarbeiten.
Ich werde meine Wahrnehmung
und entdecke die Wirklichkeit
dieses endlosen Raumes in mir.

Aber ich konzentriere mich auch
auf meinen Geist, auf den Willen,
mit dem ich mein Leben bestimme.
Ich werde zu dem Raum,
den ich mir von Gott gefüllt wünsche.
Und im nächsten Moment will genau dieser Geist
nichts weiter als seine Freiheit
von Gott, um wirklich ganz Mensch zu sein.

Ich weiß, daß ich mein Körper,
meine Seele und mein Geist bin.
Auf geheimnisvolle Weise fließen sie ineinander,
befähigen und behindern einander.
Sie bilden ein Land ohne Grenzen,
und am Ende weiß ich nicht,
wie ich sie voneinander unterscheiden soll.
Wundersam bin ich zusammengesetzt.

Ich feiere das Geheimnis, das ich bin.

Das Netz

In dem zusammengerollten Geigenhals
eines Farns im April,
in den Zugvögeln,
die zur rechten Zeit aus dem Süden zurückkehren,
in der Erinnerung eines alten Mannes
an die wichtigen Momente seiner Kindheit,
in den Schichtungen der Erde,
in denen unsere Vorfahren
krochen, schwammen und flogen,
tritt mir das Leben
mit seinen Geheimnissen entgegen.

Jedes Ereignis ist ein Wunder,
auch wenn es sich millionenmal wiederholt,
jeder Ablauf eine Behauptung des Lebens.

Aus allem wird ein Netz gesponnen,
in dem das Leben sich selbst
in seiner Entwicklung ausdrückt,
mit einer unendlichen Erfindungsgabe.

Im Geheimnis verankert

Ahnend taste ich mich vor.
Immer wieder fremd hier
schaffe ich an meiner Heimat.
Meine Landschaft ist die Wüste
und die Ebenen über der Baumgrenze,
die Weite, in der sich die Seele
ausbreiten kann, ohne anzustoßen.
Meine Sprache ist die
der inneren Bewegung,
des Mysteriums, das die Bilder
den Buchstaben schenken.

Ich wohne am Waldrand
mit dem Blick auf das Meer
an einer Straße, die Pandora heißt,
und ich weiß, daß die Wunder
nicht aufhören werden,
von überall aus dem Leben hervorzutreten,
wie lange ich auch leben werde.

Und manchmal warte ich auf mich,
den anderen, der ich auch bin,
den ich nur ahne,
dem ich immer nur flüchtig begegne.
Ich höre ihn atmen,
ich spüre ihn träumen,
ich sehe seinen Schatten
im Zwielicht meiner Seele.
Auch er hat ein Recht, in mir zu leben,
so wie ich in seinen Vorstellungen.

Und ahnt uns beide
nicht noch ein anderer,
eine andere?

Aufgerissener Himmel

Ein Wind
geht durch den Frühling,
reißt den Himmel auf
und gewährt mir
einen Blick in die Heilheit.
Da weiß ich plötzlich,
daß dies mein Tag ist
und dies mein Leben,
mir anvertraut,
voller Möglichkeiten.

Dann ist der Moment vorbei
mit seinem Wunder,
aber noch lange wird er in mir
still die Veränderungen begleiten,
die ebenso still vor sich gehen.

In einem Kiesel

Was wir nicht
in einem Kiesel,
im blauen Himmel,
in einer einzelnen segelnden Wolke,
in einem Grashalm,
in der Abenddämmerung
oder im Morgengrauen
finden,

werden wir auch nicht
in Reichtum, Ansehen und Ehrungen finden.

Zu den Fotografien

Mit besonderer Freude schreibe ich die Bildlegenden für diesen Band, weil ich mit jedem Bild ein Erlebnis und Gefühl verbinde, das mich noch einmal in die Situationen beim Aufnehmen dieser Bilder zurückversetzt. Ein Drittel der Bilder stammt aus dem Tal, das ich in dem Vorwort erwähnt habe. Ich werde nur von dem „geheimen Tal" sprechen und es auch nicht näher beschreiben, um es zu schützen. Ein paar von uns, die wir das Tal besonders lieben, haben einigen der Steinformationen Namen gegeben, die aber keine offiziellen Namen sind. Ich werde sie trotzdem erwähnen, weil für mich damit gewisse Vorstellungen verbunden sind.
Bei der Reproduktion der Bilder habe ich mich strikt an die Vorlagen gehalten, also keine Farben verstärkt oder verfälscht, um vielleicht gewisse Effekte zu erzielen. Alle Bilder wurden auf Fuji Velvia geschossen. Etwa die Hälfte mit einer Hasselblad und die andere Hälfte mit einer Linhof Master Technika, die es mir ermöglichte, die starken perspektivischen Linien getreu darzustellen, durch die Kameraverstellungen, die mit der Großbildkamera möglich sind.
Ich bitte die Betrachterin und Leserin wie auch den Leser und Betrachter Text und Bild als zwei voneinander unabhängige Aussagen zu verstehen. Ich habe aus dem Grund den Bildern auch direkte Titel gegeben. Es ist mein Versuch, deutlich zu machen, wie ich fotografiere – die äußere Landschaft ist Ausdruck einer inneren Wirklichkeit. Ich will mit der Kamera nicht nur die Welt wiedergeben, sondern ich interpretiere und deute die Landschaft durch den Kamerawinkel, den Ausschnitt, die Wahl des Objektives und besonders durch die gewählte Tageszeit, zu der ich das Bild mache. Menschen habe ich zwar in einigen Bildern aufgenommen, aber bewußt im Hintergrund gelassen. Sie gehören dazu, dominieren aber diese Landschaft nicht.

13 „Mondaufgang über den fünf Pyramiden" im geheimen Tal. Der Felsen ist tatsächlich so gelb wie auf diesem Bild. Die Pyramiden stehen in einem Kreis, alle auf der gleichen Ebene. Man kann sich zwischen sie stellen, und ich erlebte dabei ein besonderes Gefühl der Geborgenheit und des Aufgenommenseins. Der Blick von innen auf eine der Pyramiden ist auf Seite 63 wiedergegeben.

15 „Einladung, ins Bild zu treten". Auch aus dem geheimen Tal. Das ganze Tal ist geprägt von den vielen Linien, die man überall findet. Hier sind sie besonders stark, auch wenn ich das Foto bei hochstehender Sonne aufnahm. Die Linien sind wie Einladungen, man wird geführt.

17 „Eine Tür im Felsen", in einem der Kolob Finger Canyons, Utah. Der Canyon verläuft von Ost nach West, und wenn man im Frühjahr oder Herbst beim Sonnenaufgang oder -untergang da ist, dann beginnt der rote Navajo-Sandstein zu glühen, als wäre er von innen erleuchtet. Für mich ist das Geheimnisvolle an dieser Landschaft, daß meistens noch etwas anderes zu geschehen scheint als nur das rein außen Sichtbare. Hier hatte ich das Empfinden, als könne sich jederzeit eine geheime Tür im Felsen öffnen.

19 „Gold in der Mitte der Erde", in einem Slot-Canyon bei Page, Arizona. Slot Canyons sind sehr enge Schluchten, hauptsächlich durch Wasser ausgewaschen. Wenn es hier regnet (meistens im Sommer, und dann kurz und wolkenbruchartig), dann kann dieser Canyon, der stellenweise dreißig Meter tief ist, sich in kurzer Zeit bis oben hin füllen. Das Wasser schießt dann mit ungeheurer Gewalt durch den Sandstein, wäscht ihn aus und formt diese sinnlichen Formen. Der Canyon ist oben so eng, daß man hinüberspringen kann, unten aber bis zu einigen Metern breit. An einer Stelle ist ein Baumstamm von über dreißig Zentimeter Dicke und in zehn Meter Höhe im Canyon verkeilt. Bei einem plötzlichen Hochwasser ist er den Fluß hinuntergetrieben und hat sich dann hier verfangen.

20/21 „Gottes Sandkasten", ein Überblick über das geheime Tal auf dem Colorado Plateau. In jede Richtung gibt es eine Unzahl von Formen und Farben.

22 „Den eigenen Weg finden“, im Waterholes Canyon südlich von Page, Arizona. Christoph Gnieser, den ich hier in der Wüste kennenlernte, verschwand mit seinem roten Hemd fast in der Landschaft. Die Pfütze im Vordergrund, wie ein wachsames Auge, ist noch von einem Regenschauer übriggeblieben.

25 „Überleben“, Kiefer im Zion National Park in Utah.

27 „Sprache in Stein“, in den Kolob Finger Canyons. Dieses Bild machte ich im Frühjahr 1991, und obwohl ich inzwischen schon mehrmals wieder an dieser Felswand war, konnte ich diese Stelle nicht wieder entdecken. Solche Linien erscheinen nur in einem gewissen Seitenlicht. Licht ist hier alles.

29 „Wenn sich der Kreis schließt“, eine Schleife des Colorado Flusses. Das Licht war nicht ideal, aber das Motiv gefiel mir so gut, daß ich es in dieses Buch aufnehmen wollte. Der angedeutete Kreis aus Wasser wirkt hier wie ein gewaltiges Vollkommenheitssymbol auf mich.

31 „Sonne im Stein“, eine Felswand bei Sonnenaufgang in dem besonderen Tal. Dies ist wahrscheinlich mein liebstes Foto im ganzen Band. Die Wand gehört zu einer Formation, die Louise Harris bei unserem ersten Besuch ganz spontan „Center of the World“ nannte. Wenn man hier steht und durch diese fast tunnelartigen Steinwände geht, hat man wirklich das Empfinden, in der Mitte der Welt zu sein.

33 „Und über der Weite, die Krone“, Steinmassiv am Burr Trail, östlich von Boulder, Utah. Schon mehrmals war ich an diesem Massiv, aber immer in ungünstigem Licht. So entschloß ich mich im Mai 1992, direkt unter dieser „Krone“ zu schlafen, um sie beim ersten Licht fotografieren zu können. Die Sonne ging etwas milchig auf, aber nach einer halben Stunde leuchtete die Krone, während in den farbigen Hügeln darunter Schatten der Landschaft noch Tiefe gaben.

35 „So winzig und doch ein Teil des Ganzen“, im Paria Canyon, Arizona. Dieser Canyon ist fast fünfzig Kilometer lang und wird von vielen als einer der schönsten Wanderwege des Colorado Plateaus angesehen. Ich beging einen Teil des Canyons Ende April 1992 mit Margie Carter, die mir hier auch Modell stand. Manche Strecken mußten wir noch im Wasser gehen, weil der Paria erst später im Frühjahr ganz austrocknet. Besonders beeindruckend sind die großen Felswände, unter denen man entlanggeht. Der Stein ist meistens rot bis lila, aber durch Mineralien manchmal bis fast ins Blau-Schwarze verfärbt.

36 „Ich ziehe das Licht an, sagt die Kiefer“, Sonnenaufgang in den Kolob Finger Canyons. Die sich wiederholende Form faszinierte mich. Es sieht fast so aus, als wäre die eine Form der Schatten der anderen, aber das ist nicht so. Jede Linie ist unabhängig von der anderen.

38/39 „Die Kraft des Lichtes“. Sandsteinformen in einem Slot-Canyon bei Page, Arizona. Die Gegenüberstellung von den zarten Farbtönungen und den klotzigen schwarzen Formen nehmen mich in diesem Canyon immer wieder gefangen. Die Farben entstehen durch das indirekte Licht, das von oben durch die schmale Öffnung einfällt und von Canyonwand zu Canyonwand reflektiert wird. Je weiter es nach unten gelangt, desto schwächer wird es, und aus gleißendem Gold wird Orange, Rot, Lila, Blau und dann Schwarz. (Es gibt eine kurze Stelle unten im Canyon, wo man die Hand nicht vor Augen sehen kann). Ich belichte in diesem Canyon oft zwischen zwei und vier Minuten, und der Film reagiert mit Farbverschiebungen auf diese langen Belichtungszeiten. Dadurch wird das Blau intensiver. Beim Drucken dieses Bildes ist an der Farbe nichts intensiviert oder verändert worden.

41 „Das Geheimnis ist immer gegenwärtig“. Auf einer langen Wanderung, die ich allein machte, traf ich kurz vor Sonnenuntergang auf diese wunderbare Formation und fotografierte sie, nur um mich später gut an sie erinnern zu können und vielleicht bei einer anderen Gelegenheit wieder zurückzukommen. Weil ich auch etwas in Eile war, um aus diesem abgelegenen Gebiet noch vor

Dunkelheit herauszukommen, hatte ich nicht gemerkt, wie herrlich das Licht gerade im Schatten war. Den schwarzen Stein im Vordergrund habe ich nicht dorthin gelegt, er lag genau so dort.

43 „Trotz der Enge hoch hinaus", Kiefer, Bryce Canyon, Utah. Kurz nach Sonnenaufgang aufgenommen. Der Canyon im Vordergrund hat noch kein Licht. Gegen das Schwarz leuchtet das Blau noch stärker.

45 „Zu Zwergen gemacht", im Coyote Canyon am Escalante River, Utah.

47 „Wo alles zusammenkommt", noch ein Bild aus dem geheimen Tal, von der Mitte der Welt.

49 „Weg nach innen", Slot-Canyon bei Page, Arizona.

51 „Gespräch zwischen Grün und Rot", Frühlingsgrün vor roter Felswand, Kolob Finger Canyons, Utah.

53 „Wachender Turm", eine Formation im geheimen Tal, die ich für mich „Zikkurrat" nannte, wie die alte babylonische Stufenpyramide.

55 „Leuchtender Zerfall", Herbstlaub im Bryce Canyon, Utah.

56/57 „In die Weite fliegen", die eine Seite des besonderen Tales mit dem Turm, den wir „bird", Vogel, nannten.

59 „Geborgen und ausgesetzt", Buckskin Gulch, ein Nebencanyon des Paria, Arizona.

61 „In den Himmel", die Owachoma Steinbrücke, Utah. Die Spanne dieser natürlichen Brücke ist etwa siebzig Meter. Ich habe nur die eine Seite fotografiert, um die Aufwärtsbewegung der Brücke auszudrücken.

63 „In einem Steinschoß", wieder in dem besonderen Tal, in der Mitte der fünf Pyramiden.

64 „Steine mit Flossen", ein Teil des oft erwähnten Tals, wo selbst in den erhärteten, starren Sandsteinformen noch sehr viel Bewegung ist.

67 „Weich wie Stein", in einem Nebencanyon des Antelope Creek, Arizona. Immer wieder fasziniert mich die Weichheit der Formen, auch wenn sie aus Stein sind. Man kann durch diesen Canyon hindurchgehen, aber oft ist er so eng, daß man nur seitlich durchkommt.

69 „Auch im Schatten ist Leben", Abendstimmung, Zion National Park, Utah.

71 „Gecko-Steinmaserung" in der Mitte der Welt im geheimen Tal.

73 „Die innere Wirklichkeit", Slot-Canyon bei Page, Arizona.

74/75 „Licht und Schatten sind nicht zu trennen", Zion National Park, Utah. Rechts der große weiße Thron.

77 „Wo alles zusammenkommt", Spiegelung aus dem geheimen Tal. Immer wieder gehe ich genau an diese Stelle. Sie zieht mich immer neu an. Vielleicht sind es die Linien, die alle auf einen Punkt zu führen scheinen. Es mag sein, daß allein das Verweilen an dieser Stelle, bei der Zentrierung des Lebens hilft. Ich glaube, daß Landschaften gewisse innere Prozesse in uns fördern oder auch erschweren können.

79 „Das Wagnis, aufrecht zu stehen", Tempel von Sinawava, Zion National Park, Utah.

81 „Mutter mit Kindern", zwischen Kaibito und Kayenta, Arizona.

83 „Zwiesprache", Abendstimmung über dem geheimen Tal.

84 „Was wir sehen und doch nicht sehen", Sichelmond, Zion National Park, Utah.

Autorenfoto auf der Umschlagrückseite: aufgenommen im Kaibito Canyon, Arizona, von Margie Carter. Der Canyon ist sehr eng, und an einer dunklen, fast beängstigenden Stelle hörten wir plötzlich ganz nah ein fauchendes Zischen. Wir durchlebten einige ängstliche Sekunden, bis wir feststellen konnten, wo die Klapperschlange war. Ich hatte gerade meinen Fuß vorher auf einen Felsenvorsprung gestellt und war dann hinuntergesprungen, genau über die Schlange hinweg, wie sich herausstellte. Auch wenn ich weiß, daß Klapperschlangen nur ein Drittel ihrer Körperlänge weit hervorschießen können, war es doch ein seltsames Gefühl, als ich dann, um wieder aus dem Canyon zu gelangen, genau über die Schlange hinwegklettern mußte. Ich nehme an, daß die Schlange in den Canyon gefallen war, weil sie sonst nicht in so engen, kühlen Canyons leben.

Anstatt einer Biografie

Meine Biografie, kurz oder lang, mit einer Liste meiner Veröffentlichungen, ist in so manchen meiner Bücher zu lesen. Das wollte ich hier jetzt nicht wiederholen. Anläßlich dieses neuen Buches habe ich noch einmal gezielter über mein Interesse an Fotografie nachgedacht. Ich erinnerte mich, daß ich mich als Zehnjähriger schon sehr gut auskannte mit Fotoapparaten und die Fotografie damals schon eine stille Leidenschaft war. Ich kannte den Photo-Porst-Katalog fast auswendig und wußte genau, welche Verschlußzeiten ein Agfa Silette hatte, was eine zweiäugige Spiegelreflexkamera war, welche Objektive es für eine Paxette gab und vieles mehr. Auch als ich mit meinen Eltern und Geschwistern 1953 nach Kanada auswanderte, hielt mein Interesse an. Ich erinnere mich noch, wie ich in Lethbridge, Alberta fast jeden Tag zu einem Fotogeschäft hinpilgerte, um mir meine Traumkamera anzusehen: eine Paxette mit Wechseloptiken. Aber das war damals alles unerschwinglich. Erst als ich fünfzehn war und mir mit Kegelaufstellen im Norden von British Columbia etwas Geld verdiente, konnte ich mir eine Kamera leisten: eine Diax 1b. Vor kurzem fand ich sogar noch das erste Dia, das ich mit der Kamera gemacht habe: Es war eine nahezu perfekte Spiegelung einiger Bäume in einem toten Arm des Kitimat River.

Es ist für mich schön, im Zusammenhang mit diesem neuen Bildband zu sehen, was aus meinem frühen Interesse geworden ist. Nach der Diax kaufte ich mir mit zwanzig eine Exakta, die dann jahrelang meine Hauptkamera war. Danach machte ich den ersten Schritt ins Mittelformat, weil ich schon vorhatte, auf einen Bildband zuzuarbeiten. Zusammen mit einem Freund kaufte ich eine Rolleiflex SL66. Als ich dann merkte, daß sie fast immer bei mir war und mein Freund sie sich von mir ausborgen mußte, kaufte ich mir eine eigene SL66. Schon bald danach tauschte ich sie gegen eine gebrauchte Hasselblad ein, mit der ich bis heute, fast zwanzig Jahre später, noch arbeite. Mein Hauptmotiv war immer schon die Landschaft: Bäume, Berge, Wasser, Pflanzen. Ich vermute, daß es auch damals schon eine Form von Zwiesprache mit der Landschaft war, so wie es auch heute noch ist. Landschaft ist gleichzeitig etwas Äußeres und etwas Inneres. In der Entdeckung der Welt um mich entdecke ich auch die Welt in mir. Ich stoße auf die Entsprechungen zwischen mir und der Landschaft. So verstehe ich auch meine besondere Liebe zu der Wüste des amerikanischen Südwestens.

Inzwischen gibt es nun eine ganze Reihe von Bänden mit Bildern von mir, große und kleine, schwarzweiße und farbige, Hefte und auch Publikationen, zu denen ich nur die Bilder gestellt habe. Meine schönsten Bilder von jedem Jahr wandern meistens in einen großformatigen Kalender. Für mich ist das Fotografieren eine Arbeit, die meistens erfreulich ist und auch als Erholung von der Welt der Worte dienen kann. Zu formulieren kann anstrengend sein. Ich kann dann meine Kamera nehmen, vielleicht meinen Rucksack packen oder meinen VW-Westfalia Allrad-Camper laden und in der Landschaft verschwinden. Um den Landschaften, die ich entdecke, noch gerechter zu werden, habe ich mir dieses Jahr meine erste großformatige Kamera angeschafft, eine Linhof Master Technika mit dem Negativformat von 9 x 12 cm. Ich bin schon sehr gespannt, was mir mit der Kamera gelingen wird. Etwa die Hälfte dieses neuen Buches ist schon mit ihr entstanden.

Beim Fotografieren geht es mir ähnlich wie beim Schreiben – ich habe das Empfinden, daß ich noch am Anfang stehe und mehr und mehr auf das zugehe, was mich schon lange innerlich bewegt hat. Ich möchte noch mehr von dem Zauber erfassen, der auf so vielen Landschaften liegt.

Die Deutsche Bibliothek – CIP Einheitsaufnahme
Schaffer, Ulrich:
Geheimnisvolle Zusammenhänge / Ulrich Schaffer. – 1. Aufl. –
Stuttgart: Ed. Schaffer im Kreuz-Verl., 1992
ISBN 3-7831-1219-2

1. Auflage 1992

Alle Fotos: Ulrich Schaffer
Autorenfoto: Margie Carter
Umschlaggestaltung: Jürgen Reichert, Stuttgart
Reproduktionen: Die Repro, Tamm
Satz: Steffen Hahn FotoSatzEtc., Kornwestheim
Druck und Bindung: Druckhaus Kaufmann, Lahr
ISBN 3 7831 1219 2

Inhalt

Wachstumsgedanken.

„Dies ist ein Buch über Wachstum in seinen vielen Formen. In Schmerz und Freude, in allem Zögern und in der Bereitschaft. Nichts hat mich in den letzten Jahren so fasziniert wie die Frage: Was könnte es heißen, wirklich erwachsen und reif zu werden? Ich möchte herausfordern, über das Mittelmäßige hinauswachsen, Neuland betreten. Auch in meiner Fotografie fühle ich mich angezogen von wachsenden Dingen, besonders von Bäumen, und so konnte ich meine Wachstumsgedanken auch fotografisch gestalten." Ulrich Schaffer

Ulrich Schaffer
Ins Blaue wachsen
Gedanken zum Reifen
96 Seiten, 43 ganzseitige Farbfotos, Hardcover

Vom Sinn der Stille.

Im Alleinsein gewinnt Ulrich Schaffer die Kraft, auf andere zuzugehen. Die Texte und Fotos dieses Bandes sind der Stille und Innerlichkeit gewidmet, die Beziehungen und Selbstgefühl tief und sinnvoll erfahren hilft.

Ulrich Schaffer
Im Aufwind
80 Seiten, viele ganzseitige SW-Fotos, Paperback

Durchhalten in schweren Zeiten.

Viele Menschen haben Angst, den Weg zum anderen zu gehen. Ulrich Schaffer findet Worte und Bilder für diesen Zustand: durch Gedichte, durch eine Erzählung und durch Fotos. Die kalte Welt, das Absterben der Gefühle wird durch den Winter sichtbar und fühlbar gemacht. Finden wir einen Weg in den Frühling, ins neue Leben?

Ulrich Schaffer
Winter der Gefühle
72 Seiten, viele ganzseitige SW-Fotos, Hardcover mit Schutzumschlag

Wir brauchen den zärtlichen Umgang miteinander.

Ulrich Schaffer schreibt Liebesgedichte, die weiterführen. Er öffnet uns eine Welt der Bilder, in der vom Glücklichsein über die Entdeckung des anderen ebenso die Rede ist wie von der Sinnlichkeit, mit der Körper, Seele und Geist des Partners gefeiert werden. Er spricht aber auch das Herbe der Liebe an, das Erlebnis der Fremdheit bei Nichtverstehen und die Einsamkeit.

Ulrich Schaffer
Liebendes Wahrnehmen
109 Seiten, Paperback

Vielleicht ist das Leben nichts anderes, als berührbar zu bleiben.

Ein inspirierendes Buch über die Rätsel und Widersprüche des Lebens, über Liebe und Wildheit in Beziehungen, über die Sehnsucht nach der eigenen Identität. Einen besonderen Reiz bekommt dieses Buch durch die Holzschnitte des bekannten Schweizer Künstlers Urs-Peter Twellmann.

Ulrich Schaffer
Berührbar bleiben
Mit Illustrationen von
Urs-Peter Twellmann
96 Seiten mit 16 SW-Abb., Paperback

Orte des Lebens bewohnbar machen.

Ein Tagebuch und zugleich ein Meditationsbuch: Gedanken und Gedichte des beliebten Autors lassen überraschende und tiefgründige Leuchtspuren der Seele aufscheinen. Wer Ulrich Schaffer und auch sich selbst besser kennenlernen will, findet hier Anstöße und Ermutigungen, mit seinen inneren Landschaften vertraut zu werden.

Ulrich Schaffer
Geographie des Herzens
Vorläufige Einsichten
192 Seiten, Paperback

Nichts ist sprachlos. Hören ist alles.

Auf dieser Cassette ist nichts leicht dahingesagt. Ulrich Schaffer behandelt das Thema Selbsttreue ohne Furcht und doch mit dem nötigen Einfühlungsvermögen. Dabei geht es nicht um eine vordergründige Selbstverwirklichung, sondern um die Entscheidung, das eigene Leben verantwortlich zu leben. Schaffer ermuntert dazu, die eigene Würde zu begreifen, sich selbst als wertvoll zu schätzen und sich von der Fremdbestimmung frei zu machen. Zusammen mit der Musik erschließt sich ein meditatives Hörerlebnis.

Ulrich Schaffer
Das eigene Leben leben
Texte zur Selbsttreue
Mit Musik von Christoph Müller-Nieland
ca. 45 Seiten, Buch mit eingelegter Cassette (2 x 30 Minuten)

Abenteuer Wildnis.

300 Kilometer lang war die abenteuerliche Kanufahrt, die Ulrich Schaffer zusammen mit drei Jugendlichen im Sommer 1988 durch die unberührte Wildnis im Norden Kanadas unternommen hat. Ein Reisetagebuch, Gedichte von der besonderen Liebe des Autors zu dieser Landschaft, Reflexionen über die Wildnis sowie aufregende Farbfotos bilden die Elemente dieses ungewöhnlichen Buches.

Ulrich Schaffer
Wildnis in uns
72 Seiten, viele Farbfotos, Hardcover

Die Wunder in Seele und Landschaft immer wieder neu entdecken.

Mit diesem immerwährenden Kalender legt Ulrich Schaffer ein farbenfrohes Bekenntnis zu den besonderen Schönheiten eines jeden Monats ab. Ausdrucksstarke Farbfotos und meditative Texte illustrieren den Jahresablauf, laden immer wieder zu Momenten des Innehaltens und Nachempfindens ein. Sie machen aufmerksam für das Neue. Etliche freie Seiten bieten ausreichend Raum für eigene Notizen.

Ulrich Schaffer
Aufmerksam für das Neue
Ein immerwährender Kalender
128 Seiten, 30 Farbbilder, Hardcover

Der Mut zum Leben.

Ein Buch über die Hoffnung, daß in unseren Kämpfen mit der allgegenwärtigen Verzweiflung der Mut zum Leben gewinnt. Diese von Zuversicht geprägten Texte feiern das Leben, und auch da, wo es schwierig ist, mühen sie sich, aus dem Schwierigen, Verfahrenen, Schmerzhaften etwas zu machen. Ulrich Schaffer ist überzeugt, daß es tiefere Zusammenhänge gibt, die wir auch im Negativen unseres Lebens noch entdecken können.

Ulrich Schaffer
Verwegenes Hoffen
112 Seiten, Paperback

Auf dem Weg zu neuen Glaubensinhalten.

Eine lebensfördernde, authentische Spiritualität wagt Ulrich Schaffer mit seinem Buch, voller Skepsis und Zweifel, aber auch voller Glaubensbereitschaft. Er zeigt, daß die Suche nach Gott ein Abenteuer der Sprache, das Ringen um Aussprache ist. Leidenschaftlich tritt er für eine eigene Beziehung und einen selbst erfahrenen Weg zu Gott ein.

Ulrich Schaffer
Gott in der Weite meiner Fantasie
144 Seiten, Paperback

Texte und Musik zu den schönen und herben Seiten der Liebe.

Ulrich Schaffer hat Beziehungstexte auf Cassette gesprochen, die eine zusätzliche Dimension durch seine Stimme gewinnen. Die romantisch-verliebten Seiten der Beziehung kommen ebenso zur Sprache wie die harte Arbeit der Liebe und das Leiden. Zu der Cassette gehört ein kleines Büchlein mit sämtlichen gesprochenen Texten.

Ulrich Schaffer
In einer tiefblauen Nacht
Berührungstexte
Mit Musik von
Christoph Müller-Nieland
48 Seiten, Buch mit eingelegter Cassette
(2 x 30 Minuten)